Fritz Ohrtmann
Es gibt keine Mauern
Gedichte

Fritz Ohrtmann

Es gibt keine Mauern
Gedichte

Herausgegeben
von
Gerda Brömel

Fritz Ohrtmanns Gedichte sowie die Auszüge aus seinen
Erinnerungsbänden wurden in der zur Zeit ihrer Entstehung
gültigen deutschen Rechtschreibung belassen. Diese
Schreibweise hat die Herausgeberin auch für den
redaktionellen Teil übernommen.

Foto: Fritz Ohrtmann (ca. 1959)

ISBN 978-3-8391-4276-9

Herstellung und Verlag:
Books on Demand GmbH, Norderstedt

Inhalt

Geschichte der 50er
und frühen 60er Jahre

Fritz Oldmann

Es gibt keine Mauern

Wer glaubt daß es Mauern gibt
lebt im Gefängnis
und könnte doch gehn wann er will:
die Wände spalteten sich vor ihm
die Stäbe bögen sich vor ihm
die Wärter blickten zur Seite.

Es gibt keine Mauern für den
der nicht glaubt daß es Mauern gibt.

Der Wind kommt zu ihm durch die Wand
der Regen durchs Dach
die Kälte ins Bett.
Der Feind kommt zu ihm in die Stube.

Es gibt keine Mauern.

Meine Worte

Meine Worte
reden mit dem Wind.
Der Wind
der die Blätter vom Ahorn reißt
reißt
mir die Worte vom Mund
und entführt sie.
Er hat meine Worte so lieb
wie die Blätter des Ahorns.
Er trägt sie davon
und verstreut sie
auf Straßen und Plätzen.
Da reden sie
mit den Füßen der Leute.

Der Spiegel

Ich bin dein Spiegel.
Betrachte dich sorgfältig.
Lerne dein Bild auswendig.
Dann korrigiere dein Gesicht.

Wenn du dein Gesicht korrigiert hast
korrigiere deine Gedanken.
Wenn du deine Gedanken korrigiert hast
korrigiere dein Gefühl
deinen Puls
dein Blut.

Dann zerschlage mein Glas
und zertritt mit den Füßen die Scherben.

Wo ich nicht wohne

Hierher
wo ich nicht wohne
kehr ich zurück tagtäglich.
Ich wurde geboren
wo ich nicht wohne.

Erschöpft
lieg ich in fremdem Bette
im immer gleichen
und Nacht für Nacht
träum ich den Traum
der mir nicht gehört.

Ich schlafe den Schlaf
der einen andern erquickt
den ich nicht kenne.

Wie bin ich müde
der ich nicht bin
der ich bin!

Im Wartesaal

Im Wartesaal warten die Uhren
auf die Abfahrt der Züge.
Die Kellner verdünnen den Kaffee
mit Abschied.
Die Rechnungen sind schon beglichen.
Die Reisenden haben ihren Schmerz
in Minuten umgewechselt.

Wir bauen ein Haus

Wir bauen ein Haus.
Wir bauen ein Haus aus Menschen
für Steine.
Das Haus muß gut sein.
Die Menschen müssen gleich sein
die gleiche Form
die gleiche Substanz
die gleichen Gefühle
und Gedanken.
Nur so
kann das Haus gut werden.

Wenn das Haus fertig ist
ziehen die Steine ein.

Jeder muß ein Lineal haben

Wer kein Lineal hat ist verdächtig.
Nur annähernd
läßt sich der Inhalt eines Kreises bestimmen.
Rund oder krumm
– bleibt sich gleich –
ist gefährlich.
Jeder muß ein Lineal haben.
Alle Linien muß er mit dem Lineal ziehen.

Das Kind schrie

Das Kind schrie
ihm waren die Windeln zu eng.
Man kaufte ihm Hosen
und steckte es in eine Arbeit
doch auch seine Frauen
paßten ihm nicht
es zerriß sie
blaurot im Gesicht
und schrie
und schrie.
Erst das Grab
hat die richtigen Maße.

Wenn du klein wirst

15

Wenn du klein wirst
werden die Häuser höher
der Himmel blauer
die Tage länger.

Wenn du klein bist
verstummen die Menschen
die Pferde lachen
die Bäume erzählen Geschichten
die Gräser flüstern.

Wenn du ganz klein bist
legst du dich früh schon
ins dunkle Bett
mit schwarzer Decke
deckst du dich zu.

Dämmerung

Jede Nacht
werfe ich mein Netz in den Himmel.
Jeden Morgen
zähle ich die gefangenen Sterne.
Sie zappeln zuerst.
Dann zucken sie nur noch.
Am Abend
laß ich sie wieder frei.
Dann schwimmen sie langsam hinauf
in den dunkelnden Himmel.

Der Stein

Ich trage einen Stein auf der Schulter.
Ich lasse den Stein fallen.
Ich setze mich auf den Stein.
Ich schlage ein Bein übers andre.
Ich schmiege das Kinn in die Hand.
Vor mir
liegt der Weg.
Ich rolle den Weg auf
der vor mir liegt.
Hinter mir
liegt der Weg.
Ich rolle den Weg auf
der hinter mir liegt.
Nun ist kein Weg mehr.
Der Stein wächst langsam fest.
Meine Beine wachsen zusammen.
Das Kinn wächst in meine Hand.

Die Vögel

Bald kommt der Frühling
da blüht
der feurige Baum
da singen
in Zweigen aus Blitzen
die Vögel aus Feuer
die singen dich
tot.

Die langsamen Tiere

Nun ist die Zeit
der langsamen Tiere.
Sie kommen hervor
aus den Ackerfurchen
kriechen
die Hügel hinan
auf die Wipfel der Bäume
und stellen sich
hoch in den Wind.
Grün
sind ihre Gesänge
blau rot gelb
ihre Schreie.
Sie breiten die Flügel aus
taumeln zur Erde
und sterben.

Ganz dicht …

Ganz dicht
an der Erde
gehn wir entlang
und unser Gesicht
ist nicht weit
von Kräutern und Steinen
und wenn wir weinen
ist Tau am Gras.

Wenn du stehn bleibst

Wenn du stehn bleibst
schlagen die Füße Wurzeln
die Arme werden zu Ästen
die Finger zu Zweigen.
In deinem Laub
bauen Vögel sich Nester.
Du blühst und trägst Früchte.
Die werden reif und sehr süß
und verderben.

Der Nebel

Am Morgen
lag nur ein Dunst auf den Wiesen.
Die Sonne war rot
aber deutlich.
Dann fraß der Nebel
die Blumen
stieg langsam
die Stämme der Bäume hinauf
und erreichte
nach Mittag
die Wipfel:
kein Blatt ließ er übrig.
Nun lauert er
fett und gefräßig
vor meinem Fenster.

Das Gezwitscher kommt
nicht von den Vögeln.

Blätter

Schrecklich dünn und zart die Blätter,
zitternd, wenn ein Lüftchen geht,
dennoch stark in wildem Wetter,
daß nicht eins vom Baume weht.

Aber einmal, wenn der Zeiger
sich der Uhr des Mondes dreht
und der unsichtbare Schweiger
durch die bunten Wälder geht,

fallen plötzlich sie in Scharen,
taumelnd, ohne Widerwehr.
Die einst unbesiegbar waren,
bläst ein Windhauch vor sich her.

Fisch

Ich halte meine Nase
gegen den Strom
und presse
das Wasser durch meine Kiemen.

Ich bin einer
in einem riesigen Schwarm
durch den manchmal
das Netz geht.

Welch Glück
durch das lichthelle Wasser zu flitzen!

Aus dem Dämmer …

Aus dem Dämmer deiner Augen
kommt mir ein Kind entgegen
(scheu löst es sich
aus deines Schweigens Schatten
auf seinen Lippen
das Lächeln
das sich kaum selbst noch kennt)
kommt mir entgegen
mit zögernden Schritten
als ob es schwebte
(weil der Boden erst wird
unter seinen Füßen
weil der Weg sich erst formt
unter seinem Kommen)
kommt mir entgegen
schlankgliedrig helläugig
von weit
aus den Fernen der Dämmerung:

atemlos steh ich …

Aus wie vielen Träumen

Aus wie vielen Träumen
kommst du zu mir
langsam
gegen den Wind der Zeit
gehst neben mir
eine Weile
im Wind der Zeit
und entschwindest
in wie viele Träume.

Was ich sage

Was ich sage
ist nicht was ich denke.
Was ich denke
ist nicht was ich fühle.
Was ich fühle
ist nicht was ich bin.
Was ich bin
ist nicht was ich wäre
läg ich bei dir in der Nacht.

Wo ist der Sand?

Wen hab ich umschlungen gehalten
in der Mulde unter den Dünen
dich
oder meine Wünsche?

War es eine Wolke
oder ein Traum
was hoch oben
so eilig dahinzog?

Wenn du wirklich
in meinen Armen lagst:
wo ist der Sand
in deinen Haaren?

Unter der Dusche

Ich bin nicht eifersüchtig
aber das Wasser möchte ich sein
wenn du unter der Dusche badest:
in alle Buchten und Wölbungen
deines nackten Körpers
schmiegt es sich lustvoll
strömt dir übers Gesicht
streichelt gleichzeitig
Wangen Brüste und Schenkel
rinnt zwischen den Haarwurzeln hindurch
und den Zehen deiner Füße
auch die verborgensten Stellen
läßt es nicht aus
mit seinen schamlosen Liebkosungen.
Deine zweite durchsichtige Haut
ist das Wasser
und macht dich glänzen.

Aber lächeln …

Aber lächeln kann man doch
aber gut sein zueinander!
Hände und Wangen berühren
Freundlichkeiten
der Haut und des Herzens …
Oder:
so eng zusammenkriechen
daß der schwarze Staub
der ja ständig herunterrieselt
keine Fuge mehr findet
um uns zu trennen.

Stoßseufzer

Sehr bang
trete ich
in die Fußstapfen
meiner künftigen Tage
mit dir
ohne dich!

Abzählreim

Eins zwei drei
du bist frei
was du tust
einerlei
was du sagst
weiß man längst
keinen schert
was du denkst
Fisch im Baum
Strick im Teich
wo du bleibst
ist uns gleich.

Geld

Viel Geld will ich haben
silberne Münzen
und zerknitterte Scheine.
Aus silbernen Münzen
will ich ein Haus bauen.
Aus blauen Scheinen
will ich einen Himmel kleben
und mit einer Nadel
ihn vielfach durchlöchern.
Die Löcher sind Sterne.

Gemünztes

Da war einer
der hatte den Mund voll Metall
das klirrte beim Reden.
Meist war es Kupfer
doch sprach er bisweilen auch Silber
und – seltener – Gold.

Aber immer
Gemünztes.

Mißtraue den Straßen

Mißtraue den Straßen.
Folg lieber den Hochspannungsleitungen
laufe die Drähte entlang.
Beim Durchqueren der Städte
benutze das Abflußsystem
es ist relativ sicher.
Und traue niemals
der Trambahn dem Omnibus
Massenbeförderungsmitteln.
Wenn es unvermeidlich ist
lerne zuvor
aus fahrenden D-Zügen springen
und habe im Flugzeug
den Fallschirm stets umgeschnallt.
Auf hohe See
sollst du immer
den Dampfer verlassen können
falls einmal
– was vorkommt –
das Reiseziel
nicht mehr stimmt.

Nach Hause

Ich gehe
nach Hause.
Ich gehe
die Straße entlang, wo die Kinder spielen,
zu dem Backsteinhaus mit dem Ahorn im Garten
und dem kleinen Tisch unter Flieder,
wo mich meine Eltern
zum Kaffee erwarten.
Ich gehe
nach Hause.
Von Paris nach Marseille.
Von Neapel per Schiff nach New York.
Colorado, Nebraska, Michigan.
Hinter den Bergen, den Seen, der Prärie
wächst der Ahorn, spielen die Kinder,
ist der Tisch
unter Flieder
schon für mich gedeckt.
New York, Brüssel, Manchester.
London, Westminster Cathedral:

es führt mich
die Wendeltreppe hinauf zu dem Punkt,
wo die Welt nur vier Fenster hat –
Süden, Westen, Norden, Osten.
Ich drehe mich einmal im Kreis
und begreife
was ständig ist.
Und die Straße entlang, wo die Kinder spielen.
Und das Backsteinhaus mit dem Ahorn im Garten.
Und der kleine Tisch unter Flieder,
wo mich meine Eltern
zum Kaffee erwarten.
– Und der Ahorn
ist größer geworden.
Und der Garten ist kleiner geworden.
Und der Kaffee
ist bitter geworden.
Und mein Vater
und meine Mutter
sehen mich ängstlich an.
– Und ich gehe
nach Hause …

Glückliche Zeit

Früher waren wir anders.
Die Sonne kreiste ganz nah
um unsere Haut und die Winde
tranken den Atem.

Sinne waren Insekten:
sie wirbelten durchs Gestrüpp
und tranken den Tau
von den Nesseln.

Unter dem Maulwurfshügel
das Glück war dunkel und warm,
lebendig das Herz der Erde –
Geruch und Geheimnis.

Es klingelt

Herr Braun ist an der Tür!
Rasch zieh dein Gesicht an!
Steck dir das Buch in den Kopf
und mach Licht in deinen Augen!
Wenn Herr Braun eintritt
müssen Vögel aus Worten
durch den Korridor flattern.
Wenn Herr Braun dich begrüßt
muß ihm dein Herz in die Hand hüpfen.
Wenn Herr Braun sich setzt
muß das Sofa zu schnurren beginnen
das Buch muß erzählen
dein Gesicht muß brennen:
Willkommen, Herr Braun![1]

---

[1] Dr. phil. Fritz Braun (1892 – 1981), Germanistisches
Seminar der Christian-Albrechts-Universität zu Kiel;
Freund der Familie Johann Ohrtmann sowie
Fritz Ohrtmanns väterlicher Freund und Förderer

Land zwischen zwei Meeren

Ein dünner Rauch
über runden Hügeln.
Eine Möwe auch
einsam auf schmalen Flügeln.
Und in der Ferne das Rauschen.

Hier, im Leewind,
bestellen Bauern die Felder.
Zierliche Rehe sind
im Schatten der Wälder.
Sie heben die Köpfe und lauschen.

Von Meer zu Meer
zieht eine graue Wolke
über dem Land her
und über dem Volke.
Bald wird sich ein Segel bauschen.

Familie

Einmal
war ich einer
der ich jetzt nicht mehr bin.
Der ich war
bin ich immer noch
aber tief in mir drin.
Der ich bin
war ich früher nicht
aber auch schon.
Einmal
war ich mein Vater.
Bald bin ich mein Sohn.

Fahrt durch die Zeit

In diesem Zimmer fahr ich durch die Zeit.
Der Sessel fährt, das Bett, die weichen Kissen.
Es fährt der Tisch, und die Behaglichkeit
der Lampe möcht ich auf der Fahrt nicht missen.

Ich halte Ausschau hier in diesem Buch.
Ich suche meine Route in Gedichten.
Es streift das Fensterglas ein Blatt, ein Vogelflug,
es tickt die Uhr mit pendelnden Gewichten.

Es heult der Wind ums Dach, die Ziegel rasseln.
Es zerrt an dem Gebälk der Jahre Schwund.
An feuchten Wänden kriechen Kellerasseln
lautlos empor. Das Wasser steigt im Grund.

Zwischen den Nächten

Und zwischen zweien großen Dämmerungen
ist noch wie immer kieselklar der Tag.
Und Schatten weben über Pfirsichwangen.
Und Tauben gurren über fernem Schlag.

Und Kinder spielen noch mit bunten Kugeln
und niemand weiß, warum das kleinste weint.
Und in den Wolken steht mit Schwalbenflügeln
geschrieben, was die Schwalbe meint.

Worte

Worte
dürfen nicht laut sein,
dürfen nicht schallen.
Sie müssen ganz leise, wie Blätter fallen
und doch ganz nah und genau und mit allen
Dingen vertraut sein.

Wer bläst, hat Wind im Gehirn.
Angst hat, wer schreit.
Wo die schillernden Fliegen schwirrn,
ist Verwesung nicht weit.

Nur aus Stille
blüht ein Gedicht,
langsam, wie eine Blume.
Sonne, Regen und Ackerkrume
lärmen nicht.

Wahr

Leise reden
noch leiser
immer noch leiser
so
daß man die Stimme
kaum hört

nicht mehr hört …

Nun redest du wahr.

Gespräch in der Nacht

Bist du von weit gekommen?
»Ja, von sehr weit.«
Ich habe drei Tode auf dich gewartet.
»Dort wo ich herkam
ist keine Zeit.«

Sag mir, wie soll ich dich nennen?
»Hast mich doch erkannt!«
Ich habe all deine Namen vergessen.
»So bleibe ich
ungenannt.«

Wie soll ich dich fassen, halten?
»Keiner kann's.«
Wenn du fortgehst, bin ich verloren!
»Verlier dich: so
hast du mich ganz.«

Später

Eine schwarze Drossel
feilte
ein Loch in die Zeit.

Nun friert mich.

Am Strand

Als die schimmernde Möwe im Blau ertrank
ohne Schrei,
glitt ein endloses blitzendes Schwert
an meinem Haupte vorbei ...

Alexander

Ich habe einen Knoten zerhauen.
Da floß Blut aus dem Knoten.
Ich ließ das Schwert fallen
und rannte davon.
Das Schwert kam mir nachgeflogen.
Das Blut kam mir nachgeflossen.
Eine Hälfte meines Herzens schlägt vorwärts.
Eine Hälfte meines Herzens schlägt rückwärts.
Wer hat mein Herz gespalten?
Warum springt mir
Blut aus dem Mund?

Istanbul

Dies Getürm
aus verwitterten Häusern
zwischen denen sich
Gassen ohne Namen verirren
das schiefrige Blau
der windgeschliffenen Flächen
darüber die Schiffe stampfen.

Die Minarette wie Dolche
die brandroten Flaggen
und die verwehenden Fahnen aus Rauch …
Der Himmel
in dessen beschlagener Wölbung
die grauen Milane kreisen …

All dies
hinter Glas gemalt
und erleuchtet
von einem Lächeln.

Kücük Camlica (Camlica: ein Hügel auf der
asiatischen Seite des Bosporus)

Komm, tritt,
im Rücken das Lärmen,
hier über den Stein, schon
sind wir am nächtlichen Hügel.
Mond hinter schwarzen Zypressen.
Stille.
Und plötzlich ein Rauschen
erschrockener Eulenflügel.
Vor deinem Schritt
rollt ein Kiesel.
Ein Hund bellt im Tal.
Wo das Urgestein
bleich unterm Mond aus der Macchia glimmt
laßt uns bleiben und lauschen.
Weit unten, das Meer, leuchtet fahl.
Ein Thymianhauch kriecht hangaufwärts
in duftenden Schwaden.
Die riesige Stadt
flimmert milchstraßenfern
und ist stumm.
Es spricht
die Erde zum All
mit dem Mund der Zikaden.

Gruß

Über die Dächer blicke ich
über die Türme –
dahinter
schimmert das Meer
mit den kleinen blauen Inseln
die schwimmen davon
im Dunst der Ferne.
Mein Blick ist eine Taube –
er schwingt sich über die Dächer
wird kleiner
und kleiner:
nun ist er ein Punkt
der lachend
ins Nichts hüpft.

Hinter den blauen Inseln
jenseits
der Linie zwischen Himmel und Meer
wo du dein Haus gebaut hast
auf den Felsen unvergänglicher Gedanken
wo du zu Tisch sitzt
mit den Toten bei Brot und Wein

im kalten Licht einer Sonne
die nie untergeht
umbrandet
von den Wogen des Vergessens –
wirst du
aufblickend
etwas Dunkles aus dem Nichts springen sehen:
das wird größer
schwebt näher
verwandelt sich in eine Taube
läßt sich auf einem Stein nieder
und blickt dich an mit Augen
von weither.

Die Milane

1.

Das Geschrei der Händler
verhallt in dem Schweigen
das anfängt
über den Dächern der Häuser
und nur des Muezzins Ruf
tönt höher hinauf
als die Spitzen der Minarette.
Dann aber beginnt
die Stille
das Reich der Milane.

Hier sind sie allein
mit dem Sausen des Winds
in den Federn. Hier
schreiben sie
ihre Verse
in die Luft.

2.

Träume
die erstickten
unter dem Gewicht der unzähligen Dächer –
der sich windenden Gassen
Verzweiflung –
die spitzen Schreie der Minarette
die versteinerten
als sie ins Leere stießen –
die ganze betäubende Stummheit:
sie
verwandeln sie
in die Sprache
ihrer ruhelosen Flüge.

3.

Ihr Feind ist der Wind
der alles verweht.
Von ihm
lassen sie sich tragen
gegen ihn
schreiben sie
ihre messerscharfen Verszeilen
in den Himmel.

Er löscht ihre Schrift aus
und dient ihren Schwingen
als Stütze.
Er zwingt sie
zu immer größerer
Genauigkeit.

4.

Den ganzen Sommer und Herbst
schrieben meine Milane
ihre rätselhaften Schriftzeichen
in den Dunst über der Stadt.

Jetzt flogen sie fort.
Mit schmerzenden Augen
suche ich den Himmel ab.

Er hat kein Geheimnis mehr.

Orali olmaz[1]

Heut kommt Orali
und setzt sich
so zierlich an meinen Tisch
ihre Nase
ist aus einer Gemme geschnitten
ihr Lächeln
so zart und süß
wie der Duft von Orangen aus Anamur
ihre Worte so klug oh so klug
ihre Haare so schwarz oh so schwarz
Orali schlägt
ein Bein übers andre
und lächelt
olmaz
ein Bein, ach, als hätte
Praxiteles selbst es erdacht!
Und es kichern
all die kleinen schwarzen Härchen
auf ihren Waden.

---

[1] Türkisch: sich ahnungslos stellen

Ach, da sitze ich,

der asketische Gelehrte

mit meinen hohen Gedanken

und meinen niedrigen Begierden

hinter der krausen Stirn

da sitze ich

rede von Konjunktiven

indessen

mein Bewußtsein verzweifelte Dämme baut

gegen die Sturmflut

vom Herzen und

gegen Bedrohungen aus noch tieferen Tiefen.

Eine CAMLICA?[1]

Ach, mir zittert die Hand mit dem Streichholz ich

liebe dich liebe dich bin wie verrückt!

Orali schweigt und bläst

den Rauch durch die zierlichen Nüstern

Orali

lächelt freundlich

olmaz[2].

***

---

[1] (CAMLICA: türkische Zigarettenmarke)

[2] Türkisch: unmöglich; es darf nicht sein

Mein Freund
1.

Mein Freund
liest Zeitungen mit großem Eifer.
Er studiert
auf wieviel verschiedene Weisen
man die Wahrheit verschweigen kann.

Niemand auf der Welt weiß
was wirklich geschieht
sagt er.
Selbst die Urheber der Taten
kennen ihre Taten nicht.

Die Opfer
wissen es vielleicht mit ihren Schmerzen.
Wenn sie nachdenken
wissen auch sie es nicht mehr.

Ich glaube den Gepeinigten
ihre Schreie
solange so unartikuliert sind.

Worte
sind gut um Zwecke zu erreichen
sagt mein Freund.
Aber nicht
für die Wahrheit.

2.

Mein Freund kann nicht sterben.
Zwar stirbt er
aber sein Tod
ist eine vorübergehende Erscheinung.

Ich sehe ihn
blutüberströmt
unter einem Autowrack hervorkriechen.
Er steht auf und entfernt sich
unbemerkt
von der gaffenden Menge.

In einem Krankenstuhl
mit eingefallenem Gesicht
von einem dicken Gehilfen
zum letzten Mal
in die Oktobersonne gestellt
– erhebt er sich pfeifend
und schlendert zur nächsten Kneipe.

In den Zeitungen
sah ich schon Fotos
die seinen Leichnam zeigten
durchlöchert von den Kugeln
eines Hinrichtungspeletons.

Aber immer vergessen sie zu berichten
wie er sich wieder erhebt
wenn die Soldaten
ihre Gewehre schultern
und lächelnd davongeht
ein bißchen lebendiger als vorher.

3.

Hinter den eigenen Blicken herschlendern
wie hinter einer Frau
deren Hüften
dein Wohlgefallen erregen.
Dir von deinen Füßen
den Weg zeigen lassen.

Das solltest du öfter tun
sagt mein Freund.

So gelangst du
in immer unbekanntere Stadtteile
wanderst durch Gassen
in denen du nichts zu suchen hast
gehst in ein Haus
in dem du nie warst
und trittst in ein Zimmer
in welchem ein großer Spiegel steht.

Daraus kommt dir einer entgegen
den du nicht kennst.
***

Die Mauer
(Ausgangspunkt: das Foto einer
Erschießungsmauer im Warschauer Ghetto.
Die Einschußlöcher sind verteilt wie
Kirschen an einem Kirschbaum, wenn man
sich den Baum wegdenkt)

1.

Da steht eine Mauer
am Ende der Welt.
Ein Schrei
wächst an der Mauer empor
ein Baum
mit Ästen und Zweigen.
Nun ist die Mauer voller Löcher.
Nun ist der Baum voller Augen.
Schwärzer
als Gewehrmündungen
leerer
mit weniger Blick
sehn sie dich an.
Das Ende der Welt
ist gekommen.

2.

Die Mauer ist hoch.
Du kannst nicht hinüberklettern.
Die Mauer ist aus Stein.
Du kannst sie nicht einrennen.
Die Mauer ist ohne Ende
nach links und nach rechts.
Dreh dich nicht um.
Hinter dir
warten die Gewehrmündungen.
Wenn du einen Baum schreist
wachsen dir Kirschen aus Löchern.
Wenn du einen Himmel schreist
wachsen dir Sterne aus Löchern.

3.

Hier sind die Soldaten
und hier ist die Mauer.
Hier bleibe ich stehen.
Hier schlage ich Wurzeln.
Hier will ich wachsen
hier blühe ich
trage ich Früchte.
Die Früchte sind rot.
Die schenke ich den Soldaten.

4.

Ich habe einen Kirschbaum
an die Mauer gezeichnet.
Die Kirschen sind schwarz.
Ich habe einen Sternenhimmel
an die Mauer gezeichnet.
Die Sterne sind rot.
Die Kirschen
sind durch mich hindurchgegangen.
Die Sterne
sind durch mich hindurchgegangen.
Nun ist die Mauer
nicht mehr kahl.

5.

Ein Baum
wuchs an der Mauer empor
mit vielen Kirschen.
Immer größer
wurde der Kirschbaum.
Immer röter
wurde die Mauer.
Wer zur Mauer geht
muß von den Kirschen essen.
Wer hinüber will
muß auf den Kirschbaum steigen.
Nur so
kommt er auf die andere Seite.

6.

Die Soldaten
haben mit Kugeln geschossen.
Die Kinder
haben mit Kirschen geworfen.
Nun sind die Kinder
voller Kugeln.
Nun sind die Soldaten
voller Kirschen.

***

Das Wort

Die Welt ist krank vom Kriege.
Die Dinge sind nicht wie sie sind.
Jeder Baum erzählt eine Lüge.
Jedes Wort vergiftet den Wind.

Es singt mit verzückter Gebärde
der Mohn sein verlognes Gedicht.
Die Wahrheit ist unter der Erde
und redet nicht.

Tausend zerschossene Münder
beißen ein Wort in den Lehm.
Es wäre die Welt wohl gesünder,
lauschten wir dem.

Geometrische Figuren

Den Tieren ist das Rad noch unbekannt.
Sie wissen nichts von unsern Sonnenringen
der Tage und den weit geschlungnen Schlingen
der Sternenzeiten. Sie sind noch gebannt

in Gegenwart, und alle Tage springen
einmalig neu in ihr gedämpftes Land.
Ihr Zeichen ist der kurze, unverwandt
gestreckte Strich in einer Welt von Dingen.

Uns aber schlossen sich die dunklen Enden
zusammen in den lichterfüllten Kreis.
Wir traten aus uns selbst in feste Fernen

und rissen dann mit vollbewußten Händen
die ringgewordne Strecke ins Geheiß
der Räder. Und so rollen wir auf Sternen.

Am ersten Kreuz ging uns der Ring verloren.
Kreuze sind Speichen, die die runde Kraft
zusammenspitzen in die Leidenschaft
des Mittelpunktes; und in Leid geboren

ward hier am Kreuze, und in Zweck gestrafft,
alles was tun will, was wir vorwärtsbohren
vom Anfang durch ein Tal von dunklen Toren
zum Ende: was da leidet, sucht und schafft

und niemals ganz wird, nie im eignen Fragen
einmündet wie in seinem eignen Munde,
was, wie einst Christ, aus seinem Kreise trat.

Wir sind in Qualen an das Kreuz geschlagen
und ringen ohne Ende um das Runde
des Ringes. Doch dazwischen ragt die Tat.

Das Letzte ist der Punkt. Denn alle Kreise
kreisen um ihn. Wenn wir den Punkt verstehn,
verstehn wir alles irdische Geschehn.
Aus seinem Wesen und aus seiner Weise

gebären sich die Dinge und vergehn
auch wieder in ihm. Er ist das Geleise
und das Gefährt, ist Anfang, Ziel und Reise.
Er ist das Rad, die Achse und das Drehn.

Und ist ein Punkt, ein wesenloses Wesen;
etwas aus Nichts, das sich im Nichts verliert,
das ständig stirbt und ständig sich gebiert.

Selbst seinen Spuren, die wir leichter lesen,
ist er sehr fern und fremd, – und wir verspüren,
daß sie uns nur an ihm vorüber führen.

***

Träume, Gesichte

Die greisen Köpfe waren abgenagte
zierliche Mäuseschädel, sehr, sehr fein
und leicht zerbrechlich, daß man fast nicht wagte,
sie anzublicken, und man sah nicht ein,

warum sie sprechen konnten, und doch sagte
ein jeder Kopf sein Sprüchlein, und sehr klein
erklang ihr Lachen, und ihr Spotten ragte
wie eine Nadel in die Nacht hinein.

O meine große Mutter, große, letzte
Notwand des Lebens, deren Dämmerbild
mich träumend rief und wachend mich entsetzte.

Die Himmel fallen, und das Dunkel schwillt:
nur du bist da, wohin ich mich auch wende,
und all mein Sein versinkt in deine Hände.

Ich bin die Meute, und ich bin die Leine.
Ich bin der Prinz, der sie in Händen hält.
Die Meute geifert, giftet, lechzt und bellt
und zerrt und reißt mich über spitze Steine

und scharfe Dornen, und mein Pfiff vergellt
wie ungehört. Ich weiß nur noch das eine:
nie laß ich los! Wenn mir auch Leib und Beine
zerschunden sind – wenn nur die Leine hält!

Die angestrafften singend strammen Stricke
dürfen nicht reißen. Einmal kommt ein Baum,
wo ich die Schlinge schlage und mich fange.

Dann lehn ich meinen blutigwunden Rücken
dagegen, und des Schattens kühler Saum
streicht mir besänftigend um Stirn und Wange.

Nicht nur der Baum. Es war noch eingefangen
ein Hauch von Wind, der durch die Blätter rauscht;
der Baum, von einem Schleier (leicht gebauscht)
aus Sonne und aus Nebel überhangen.

Die rauhen Stellen wurden eingetauscht
für Blüten, die an andern Tagen sprangen;
und Vögel, die im letzten Sommer sangen,
die wurden hier zum zweiten Mal belauscht.

So wächst der Baum in meinem fernsten Innen
noch immer: jedes neuerfahrne Bild
bildet sein Wesen – heimlich und verborgen.

Wenn ich ihn denke, ist mir als entrinnen
mir seine Formen; doch im Traume quillt
er dann zutage – und versinkt am Morgen.

Und siehe da! Der Rabe, der die Schwingen
nicht rühren mochte, weil er nicht mehr sah,
wozu es gut war, schwebte plötzlich nah
am Rand des Himmels. Denn es war ein Singen

von irgendwo ganz laut und deutlich da,
und brachte etwas tief in andern Dingen,
die vorher schwiegen, wundersam zum Klingen.
Und denen, welchen dieses so geschah,

sie haben noch das Staunen nicht vergessen,
das sie erfaßte, als sich der Gesang
aus ihnen löste, wie aus Baum und Steinen,

und fragen immer noch in Demut, wessen
Gewalt es war, die sie ganz plötzlich zwang,
so dunkel und von Innen aufzuweinen.

***

Die Opfer

Und für dieses gingen sie in den Tod:
für ein niemals gelesenes Buch,
für ein Zeitungspapier um ein Butterbrot
und ein rotes, besudeltes Tuch.

Und der Wärter schließt das Museum dicht,
die Theater gehen bankrott.
Und je lauter der Mann auf der Kanzel spricht,
um so stiller wird Gott.

Und mit diesen blieb ein Verlangen allein:
mit dem Himmel aus Wolken und Blau,
mit dem Meer im März, mit den Birken im Mai,

mit dem Mohn und dem Mond und dem Vogelschrei
und dem durstigen Mund einer Frau.
Denn aus Blut wird kein Wein.

Stimmen der Toten[1]

---

[1] Dieser Zyklus entstand 1947 auf Anregung von Erich Fried

Ich bin verdingt den Toten und den Dingen.
Als Mensch, als Lebender, bin ich verlobt
an starre Lippen; was ihr überhobt
und niederbeugtet, muß ich grade singen.

Die Maske, die ihr in den Vorgrund schobt,
muß ich zerreißen oder einwärts zwingen.
Wenn meine Worte manchmal bitter klingen,
denkt daran, daß in mir dasselbe tobt,

was euch verworren in die Wildnis führte
und überwältigt hat und was euch blendet.
Und nur sehr bang und rätselhaft gebannt

folg ich der Lockung, die mein Ohr berührte,
auf jenen Weg, der sich zur Wahrheit wendet,
und trete nah, ganz nahe an den Rand.

Ein Tropfen Blut, umsonst, zuviel gefallen,
ist unauslöschbar, und ist heiß wie Eis
und Feuer, und kein letzter Menschenpreis
kann ihn erbüßen, kann für ihn bezahlen.

Schwerer als Blei fällt er durch alle Schalen
der Erde – Krumen, Fels, Granit und Gneis,
durch Gluten, Flammen, Gase, durch den Kreis
der Monde, Sonnen, Sterne, fällt er, – fallen

die ungezählten dunklen Meteore
in Schwärmen unabsehbar durch das All –
und Nebel öffnen lautlos sich wie Tore,

und Dunkel fängt sie nicht in ihrem Fall
durch Ewigkeiten, bis sie wieder enden
in ihrem Anfang: blutigem Verschwenden.

Daß Kugeln singen, hatte ich gedacht.
Sie aber zischen nur wie böse Schlangen.
Wir haben einen Tag und eine Nacht
im Feuer wie in einem Netz gehangen.

Als wir im Morgengrauen vorwärts sprangen,
hab ich verstohlen rasch ein Kreuz gemacht
und sah zurück, verschämt und fast befangen,
ob hinter mir nicht irgendeiner lacht.

Doch keiner lachte. Aller Augen waren
in sich gewandt und sahen mich nicht mehr.
Denn jeder war allein. Ich war alleine

wie alle. Und wir sprangen doch in Scharen.
Durch dichte Mauern kam von ferne her
ein Schreien. Dann versagten mir die Beine.

Panzer sind gnadenloser Untergang,
Granaten wählen ohne Sinn und Fragen.
Bomben sind unerbittlicher Gesang,
der Tod singt. Scharfe Mitrailleusen tragen

das Sterben näher. Karabiner sagen
dir deine Grenzen, und sekundenlang
heben sich Spaten, blitzen Säbel, ragen
gnadlose Kolben. Ja, dir wird sehr bang

in dieser Landschaft, wo du alle Werte
entwertet findest, wo ein Stückchen Holz,
ein Splitter Stein dich endlos überdauert.

Was du erkanntest und was man dich lehrte,
verblaßt, wie deine Härte und dein Stolz:
dein Herz erhebt sich hilflos und erschauert.

Als wir uns gaben, wußten wir noch gar nicht,
daß wir uns gaben, und wie sehr, wie weit.
Wir dachten in dem Dünkel unsrer Zeit,
daß wir uns lohnten. Doch der Dünkel war nicht

ein einziges von unsern zu bereit
gegebnen Opfern wert, und er gebar nicht
aus einem Tod, dem Tod der ganzen Schar nicht
von Millionen, eine Besserheit

an auch nur einer von den alten Nöten.
Er dünkelt weiter, dunkel, ohne Danken
in seiner alten, ausgewälzten Bettung.

In unsrer Torheit ließen wir uns töten.
Nun stehn wir traurig hinter unsern Schranken
und schaun zurück, verraten, ohne Rettung.

Uns ist es deutlich, was aus dunklen Quellen
euch traumhaft ruft, und was ihr nicht versteht.
Wir sind durchklärt, durchlöchert und durchweht
von jenem kalten, gnadenlosen, grellen

Eiswind der Wahrheit. Und es ist zu spät.
Denn ihr wohnt fern und hinter dichten Wällen.
Wärt ihr wie wir in endelosen Fällen
durch Tod gestürzt, – ihr säht, worum es geht.

Doch ihr seid fern und hört nicht unser Rufen:
Wir hämmern ohne Hoffnung an die Decken
unserer Särge, während überall

ihr ohne Halt, wie Vieh, auf dumpfen Hufen
die ausgetretnen, blutgetränkten Strecken
entlangdrängt, bis zum Abgrund und zum Fall.

Wir alle, die wir unsern Tod erfuhren,
wir wissen um das gnadlose Gesetz,
das ihr noch fortbannt in den Gang der Uhren,
das ihr noch einfangt in das Silbernetz

von schönen Worten, und in die Figuren
der Sternenbilder tragt, in das Geschwätz
der Großen, in den Weihrauch des Gebets
und ganz am Ende in die schnellen Touren

eurer Atome. Ach, wir gönnen gern
euch Lebenden das Tröstliche der Blendung.
Nur flohet ihr der Wahrheit gar so fern,

daß ihr vergaßt, – und in der letzten Wendung
uns euren Götzen gabt, und uns verbanntet
in jene Wirklichkeit, die ihr nicht kanntet.

Ach, eure Tränen sind schon lang zu Eis
gefroren, eh sie unsre Tiefen
erreichen. Euer Dank, den wir nicht riefen,
ist unverständlich und sehr fern und leis.

Und eure törichten Gebete schliefen
am Wege ein und haben ihr Geheiß
vergessen. Und auch eure Reue weiß
den Weg nicht recht und irrte ab auf schiefen

Trugbahnen. – Ach, wir hätten Ruh,
wenn uns nicht immer noch das dumpfe Dröhnen
eurer Kanonen aus dem Schlummer störte,

das Giftgas eures Hasses ins Tabu
unserer Träume dränge, und das Stöhnen
Ermordeter uns immer neu empörte.

***

Nachwort der Herausgeberin

Fritz Ohrtmann (1925 – 1995) trat Mitte des letzten Jahrhunderts hervor als Verfasser von Gedichten, Kurzgeschichten und Erzählungen. Seine Arbeiten erschienen in maßgeblichen Zeitschriften des damaligen Literaturbetriebs sowie als Texte für den Deutschunterricht an in- und ausländischen Schulen und anderen Bildungseinrichtungen. Von der Kritik (u. a. Agnes Miegel) gut aufgenommen wurde auch sein erster und einziger Roman »Bunte Gläser« (1953).

Fritz war mein geliebter und bewunderter »großer« Bruder. Kurz vor seinem Tod übergab er mir seinen literarischen Nachlaß, u. a. diese Gedichte aus den 1950er und frühen 1960er Jahren. Vielleicht, meinte er, gelänge es mir, sie zu veröffentlichen, er selbst habe keinen Ehrgeiz mehr. Zum Zyklus »Stimmen der Toten« merkte er an, diese Sonette seien unter dem Einfluß der Freundschaft mit Erich Fried[1] und auf dessen Anregung entstanden. Jene Verbindung begann 1947; sie wurde über Jahrzehnte hinweg durch

---

[1] Erich Fried (1921 – 1988), s. a. S. 97 ff.

Briefe[1] und gegenseitige Besuche in London und Plön[2] aufrechterhalten.

Erich Fried hatte seinen Freund auf den in Eckernförde lebenden Dichter Wilhelm Lehmann[3] aufmerksam gemacht. Ihn besuchte Ohrtmann bald nach Entlassung aus englischer Kriegsgefangenschaft und Rückkehr in seine Heimatstadt Kiel. Zwischen beiden entstand ein freundschaftliches Verhältnis mit intensiven Gesprächen und reger Korrespondenz. Auch diese Verbindung blieb nicht ohne Wirkung auf die künstlerische Entwicklung des jungen Fritz Ohrtmann.

Es sind einige Jahre vergangen, seit mein Bruder mir seinen literarischen Nachlaß anvertraute. Vielleicht ist jedoch erst jetzt die richtige Zeit gekommen für seine Gedichte – jetzt, wo die Enkelgeneration sich für die sogenannte Nachkriegsliteratur zu interessieren scheint und damalige Zeitgenossen sie erstaunt (wieder)entdecken.

Gerda Brömel

---

[1] s. a. Österreichisches Literaturarchiv der Österreichischen Nationalbibliothek, Nachlaß Erich Fried, Korrespondenzen

[2] Fritz Ohrtmann lebte ab Anfang der 70er Jahre in Plön

[3] Wilhelm Lehmann (1882 – 1968), s. a. S. 107 ff.

Biographisches, Bibliographisches:

Fritz Ohrtmann, geb in Flensburg am 27.03.1925 als erstes Kind des Lehrers Johann Ohrtmann[1] und seiner Frau Marga; Kindheit in Vollstedt bei Bredstedt und in Lägerdorf, Jugend in Kiel.

1943 Abitur, anschließend Arbeits- und Wehrdienst, Soldat in Frankreich; im Frühherbst 1944 Gefangennahme, Kriegsgefangenschaft in den USA; April 1946 Transport nach Belgien; ab Sommer 1946 Kriegsgefangenschaft in England; Entlassung Februar 1948.

Studium der Germanistik und Anglistik (Lehramt an Gymnasien) in Kiel mit Auslandssemester in Newcastle upon Tyne (UK), 1953 1. Staatsexamen, 1954 Promotion (Dr. phil.), 1957 2. Staatsexamen; Lehrer in St. Peter-Ording (Internatsgymnasium) und Kiel, 1962 bis 1971 in Istanbul (Alman Lisesi: Deutsches Gymnasium), 1971 – 1985 an Gymnasien in Kiel (– 1973) und Preetz (1973 – 1985). Er starb am 20.12.1995 in Plön.

Ab 1947 Veröffentlichung von Erzählungen und Gedichten in der Zeitschrift »Blick in die Welt«, später in Literaturzeitschriften wie »Westermanns

---

[1] s. a.: Johann Ohrtmann »Sind Kriege notwendig?« Lebenserinnerungen eines Pazifisten und Schulmannes, für den Druck eingerichtet v. Gerda Brömel; Hg.: Beirat f. Gechichte der Arbeiterbewegung u. Demokratie in SH, Kiel 1995

Monatshefte«, »Merkur«, »Sinn und Form«, »Merian«, im Kunst-Kalender »Die Tide« u. a. m.; in »Das Gedicht, Jahrbuch zeitgenössischer Lyrik 1954/55«, Hamburg 1954; in deutschen und ausländischen Büchern für den Deutschunterricht sowie im Rundfunk. Erfolgreiche Teilnahme an Literaturwettbewerben mit Veröffentlichungen in entsprechenden Anthologien, z. B. in »Liebe in unserer Zeit«, Hamburg 1961. Mehrere seiner Erzählungen wurden in andere Sprachen übersetzt, darunter in die chinesische und die japanische.

Buchveröffentlichungen:
Bunte Gläser [Roman], Braunschweig 1953

James Fisher: **Das Meer,** seine Macht und seine Geheimnisse, aus dem Englischen von Dr. Fritz Ohrtmann, Gütersloh 1956

Tee mit Rum, Erzählungen und Gedichte, Lübeck/Hamburg 1960 mit weiteren Auflagen; Neuauflage Husum 1979 mit weiteren Auflagen

Fritz Ohrtmann – Ulrich Beier [Gedichte und Erzählungen – Holzschnitte], Kiel 1960

Türkçe öğrenelim [Türkisches Lehrbuch für ein deutsches Gymnasium], Istanbul 1971.

Erich Fried

aus Fritz Ohrtmann »Glück gehabt! Meine Erinnerungen vom 7. bis zum 23. Lebensjahr«, Plön 1995 [unveröffentlicht]:

[April 1947] [...] Den Weg zu Fuß zu den Tate Galleries hatte mir die junge Dame genau beschrieben, und ich fand ohne Schwierigkeiten dorthin. Es war erst kurz nach ein Uhr, ich hatte also reichlich Zeit.

Die Bilder warfen mich fast um. Van Gogh gehörte, wenn ich mich richtig erinnere, in der Nazizeit nicht direkt zur verbotenen Kunst, aber als »entartet« galt er schon, er wurde nicht auf Ausstellungen gezeigt, und es gab auch keine neuveröffentlichten Bücher mit farbigen Reproduktionen seiner Gemälde. Ich wußte zwar, wer er war, seine Sonnenblumen hingen bei irgendwelchen Bekannten meiner Eltern an der Wand. Aber was ich hier sah, diese brutale Farbigkeit, dieser wilde, rauschhafte Pinselstrich – es traf auf irgendeine Grundstimmung in mir, damals, die machte, daß ich innerlich vibrierte, daß ich wie hypnotisiert von Bild zu Bild gezogen wurde bis zu dem Höhepunkt, dem Kornfeld, über dem die Krähen wie schwarze Löcher flattern.

Dabei hatte ich gar nicht bemerkt, daß mir seit einer Weile ein Mann und eine Frau gefolgt waren.

Jetzt tuschelten sie miteinander, und der Mann, mit vollem schwarzen Haar, großem Oberkörper und im Verhältnis dazu zu kurzen Beinen – sein Gang wirkte etwas unbeholfen – trat auf mich zu und fragte mich auf Deutsch mit einem leicht wienerischen Akzent: »Sind Sie Kriegsgefangener?«

Schon wieder erwischt![1] Aber der Mann wirkte nicht sonderlich furchteinflößend, und ich antwortete einigermaßen gelassen mit Ja.

»Darf ich vorstellen«, sagte der Mann. »Ich bin Erich Fried, Dichter. Und das ist meine Frau Mizzi.« Ich nannte meinen Namen, und der Dichter sagte: »Wir haben beobachtet, daß die Bilder einen starken Eindruck auf Sie machen. Sie haben uns überhaupt nicht gesehen, obwohl wir schon durch zwei Säle neben Ihnen hergegangen sind. – Übrigens, wir sind jüdische Emigranten. Ich hoffe, das macht Ihnen nichts aus.«

Das traf mich wie ein Schlag. »Um Gottes willen, nein!«, entfuhr es mir. »Ich hoffe nur, es macht ihnen nichts aus, daß ich Deutscher bin!«

Wir gingen dann zusammen weiter durch die

---

[1] Den Kriegsgefangenen war kürzlich erlaubt worden, sich während ihrer Wochenendfreizeit eine halbe Meile vom Lager zu entfernen. Ohrtmann war jedoch – behelfsmäßig als Zivilist gekleidet – mit der Vorortbahn in die Londoner City gefahren

Ausstellung. Erich Fried hatte eine tiefe, sonore Stimme, und was er zu den Bildern sagte und über van Gogh wußte, war so überzeugend und so neu für mich, daß ich fasziniert zuhörte. Zwischendurch rezitierte er Gedichte von Hofmannsthal und aus den Duineser Elegien von Rilke und einmal auch ein eigenes. »Er kann alle seine Gedichte auswendig!«, flüsterte mir Mizzi zu.

Erich Fried hatte eine ungeschickte Art zu gehen. Er fiel gleichsam von einem Fuß auf den anderen. Deshalb stiegen wir in einen Bus. Dort setzten wir unser lebhaftes und lautes Gespräch fort und vergaßen dabei völlig, daß wir Deutsch sprachen und uns in England befanden. An der nächsten Haltestelle kam der Schaffner, sah mich an und sagte: »I don't want any bloody Germans in my bus. Get out!« […]

Wir fuhren mit der »tube«, der Londoner Untergrundbahn, zu ihrer Wohnung in Hampstead. Erichs und Mizzis Wohnung (sie hatten mir inzwischen das Du angeboten) beschreibe ich in einem Brief an meine Eltern vom 26.4.47:

»Letzten Sonntag besuchte ich einen Herrn Fried, ein junger österreichischer Schriftsteller mit viel Talent, der vor dem Kriege emigrierte, weil er Halbjude ist. Seine Frau ist eine jüdische Sudetendeutsche. Er verdient durch Übersetzungen aus dem Englischen und seine Arbeiten für den BBC etwa 5 Pfund die Woche – soviel wie ein Bauarbeiter. Infolge der Wohnungsknappheit leben sie mit ihrem kleinen Jungen in einer Mietwohnung mit zwei auseinander liegenden Zimmern. Die Küche teilen sie sich mit noch zwei Familien, und Ihr könnt Euch ungefähr das Durcheinander vorstellen. Im Wohnzimmer ist das einzige gute Stück ein Bücherbord und verschiedene Bilder, die ein Hausgenosse, ein modernistischer österreichischer Maler und ebenfalls Emigrant, gemalt hat. Tisch und Schrank sind aus Kistenholz zusammengenagelt. Dann sind da noch drei ausgediente Stühle. Als am Abend ein Besucher kam, mußte Hänschen ins Bett und einer von uns auf der Kohlenkiste sitzen, die an den Tisch gerückt wurde. In dem ganzen Haus leben nur Österreicher und Deutsche, außer einer rothaarigen Engländerin, die fließend Deutsch spricht.

Fried gehört zu einer Art Bohème von modernen Künstlern und Schriftstellern, die von Österreich nach London emigrierten und in einem Café in der Nähe ihren Treffpunkt haben. Sie leben alle in ähnlichen Verhältnissen wie er.«

[…] Leider konnte ich nur kurze Zeit bei den Frieds bleiben, weil ich ja um neun Uhr im Lager zurück sein mußte. Von dem Loch im Zaun und davon, daß ich unerlaubterweise in London war, sagte ich ihnen nichts. Wir verabredeten uns für das nächste Wochenende bei ihnen in der Wohnung. Ich hatte Erich gesagt, daß ich auch Gedichte schriebe, und er forderte mich auf, unbedingt einige davon mitzubringen. Er schenkte mir zwei schmale Bändchen mit Gedichten von ihm, das eine mit dem Titel »Österreich«, das andere mit dem Titel »Deutschland«. Beide waren noch während des Krieges gedruckt worden.

Erich war 1921 geboren, also damals 26 Jahre, Mizzi war einige Jahre älter. Sie war klein, etwas rundlich, hatte rote Haare, grünbraune Augen und das Gesicht voller Sommersprossen. Erichs Vater war nach dem »Anschluß« Österreichs von Nazi-Rabauken totgeprügelt worden. Was mit seiner Mutter geschah, weiß ich nicht. Vielleicht war sie schon tot. Er selbst, noch Schüler im Gymnasium, konnte mit 17 Jahren nach England emigrieren, weil sich eine englische Quäker-Familie für ihn verbürgt hatte. Damals ließen die Engländer niemanden einreisen, es sei denn, er hatte sehr viel Geld oder es verpflichtete sich jemand, für seinen Unterhalt aufzukommen.

Ich brachte am nächsten Sonntag ein Heft voll eigener Gedichte mit und erwartete Erichs Urteil mit Herzklopfen.

[...] Erich fand meine Gedichte mit wenigen Ausnahmen viel zu konventionell. Es gab einzelne

Zeilen und ein paar Metaphern, die er gut fand. Ich solle das Wörtchen »wie« weglassen, sagte er. Vergleiche mit »wie« seien in der Dichtung längst veraltet. Davon hatte ich nie etwas gehört. Ich fragte ihn, warum er diesen oder jenen Vers besser fand als andere, und er erklärte es mir so, daß es mir einleuchtete. Ich begriff schon bei diesen ersten Gesprächen mit einem Mal, um was es bei der Dichtung überhaupt ging. Reim, Metrum, Wohlklang, Gefühle, Wortgeklingel – das war es jedenfalls nicht. Ich war bisher auf einem völlig falschen Weg gewesen. Mir war zumute wie einem Blinden, dem plötzlich die Augen aufgingen, so daß er sehen konnte.

Erich hatte ein phänomenales Gedächtnis. Was er einmal aufmerksam las, haftete so, daß er es jederzeit wortwörtlich zitieren konnte. Er kannte alle seine eignen Gedichte auswendig, aber auch die von Rilke und Hofmannsthal und vieles aus den Schriften von Marx und Engels.

[...] Am Nachmittag kam D. zu Besuch, ebenfalls eine jüdische Emigrantin, die schriftstellerte. Sie las uns kleine, scharfzüngige Prosatexte vor, voller versteckter und manchmal auch offener erotischer Anspielungen. Um den danach sich ergebenden Gesprächen zu folgen, mußte man Freud gelesen haben. Ich hatte zwar von Alfons S. einiges über Freud gehört, aber das war auch alles.

Erich bemerkte meine Unwissenheit, ging zu seinem Bücherregal und suchte mir die »Psychopathologie des Alltagslebens« heraus. Ich könne das Buch mit ins Lager nehmen und mir ruhig bei der Lektüre Zeit lassen, Hauptsache, ich brächte es irgendwann zurück.

D. war etwa im gleichen Alter wie Erich, besser aussehend als Mizzi, schlank, dunkelblond, mit Dauerwellen und sorgfältig aufgetragenem Make-up. Sie war Kommunistin, und aus einigen Bemerkungen, die sie machte, entnahm ich, daß Erich auch Kommunist gewesen war, jetzt aber nicht mehr, und deshalb von ihr als Abtrünniger betrachtet wurde. [...] Um kurz nach halb acht verabschiedete ich mich. Ich ging sehr ungern, aber ich mußte ja um neun Uhr im Lager zurück sein. Es wurde verabredet, daß ich am nächsten Sonntag wiederkäme.

Im Lager lag ich in den folgenden Wochen, wenn ich Zeit hatte, auf meinem Strohsack und las Freuds »Psychopathologie des Alltagslebens«. Das Buch faszinierte mich, es war geistreich und witzig, wenn ich auch vieles von dem, was darin behauptet wurde, nicht glauben konnte.

Draußen bei der Arbeit[1] und immer, wenn ich

---

[1] Der Kriegsgefangene Fritz Ohrtmann wurde im Erd- und Betonbau für »Prefabs« (Fertighäuser) eingesetzt

den Kopf dafür frei hatte, dachte ich mir Gedichte aus, behielt die Verse zunächst im Kopf und irgendwann, wenn ich einigermaßen damit zufrieden war, schrieb ich sie in ein Heft. Ich nahm mir vor, meine neuen Gedichte Erich erst dann zu zeigen, wenn ich mindestens ein Dutzend davon zusammengebracht hatte. Ich war überzeugt, daß meine Gedichte jetzt, da ich begriffen hatte, worauf es ankam, viel besser waren als alles, was ich früher geschrieben hatte.

[...] Ich war in jenen Tagen, besonders seit meiner ersten Begegnung mit den Frieds, aber auch durch die Gemälde van Goghs, die mich ja in einer solchen Weise ergriffen hatten, daß die Frieds dadurch auf mich aufmerksam wurden, in einer merkwürdigen seelischen Verfassung. Es war, als ob die Tür zu einem Teil meines Inneren, die ich bisher sorgfältig verschlossen gehalten hatte, mit einem Mal aufgesprungen sei, und nun erfuhr ich eine ganz neue und mir selbst oftmals unheimliche Dimension meines eigenen Ichs. Ich war innerlich ständig in heftiger Bewegung. Und diese innere Bewegtheit muß auch für sensible Menschen äußerlich erkennbar gewesen sein, muß sie angezogen und ihr Interesse geweckt haben.

Ich hatte bisher Gedichte über schöne Dinge, persönliche Gefühle, Liebe etc. geschrieben. Darauf, meine Kriegserlebnisse, meine Angst, meine

Wut über das ungeheuerliche, sinnlose Morden, das Leiden der vielen Millionen Opfer, in Verse zu fassen, war ich einfach nicht gekommen.

Die Gedichte, die ich Erich Fried am Sonntag vorlegte, nannte ich »Stimmen der Toten«. Es waren acht Sonette. Er hatte fast nichts an ihnen auszusetzen und tippte sie mit mehreren Kopien für sich und mich auf seiner Schreibmaschine ab.

[...] Die Frieds nahmen mich auch oft zu ihren Freunden und Bekannten mit, meist ebenfalls Emigranten aus Österreich oder Deutschland. Da war ein Professor Landry, ein hagerer Mann von etwa fünfzig Jahren, den alle mit einer gewissen Ehrfurcht behandelten. Er galt als großer Philosoph.

Eine seltsame Erscheinung war der Dichter Peter [Karl] Höfer[1], ein kleiner Mann mit grauem Haarkranz um den sonst kahlen Schädel. Er lebte mit seiner ältlichen, rundlichen Frau in einer gutbürgerlichen Ehe, und man bekam ihn nie ohne sie zu sehen. Er tippte seine Gedichte (es waren immer Sonette) auf Kärtchen aus steifem Karton, die er stets in einem Täschchen bei sich trug. Es waren, glaube ich, immer hundert. Wenn er ein neues Sonett hinzufügte, sortierte er dafür ein älteres aus, das ihm nicht mehr so gut gefiel. 1948 erschien ein

---

[1] 1905 – 1952

Band seiner Sonette unter dem Pseudonym Jesse Thoor im Nest-Verlag, Nürnberg. Höfer war, glaube ich, kein Jude, sondern emigrierte 1933, weil er Kommunist war. Ich meine, seine Gedichte sind zu Unrecht vergessen oder vielmehr nie bekannt geworden.

Theodor Kramer[1], für uns ein älterer Herr, war schon vor seiner Emigration durch seine sozialkritischen Gedichte in Österreich berühmt geworden. [...]

Einmal war Erich bei Elias Canetti[2] eingeladen, der durch seinen Roman »Die Blendung« berühmt war, und ich durfte mitkommen. Es handelte sich um eine Art Empfang, und es waren viele Leute da. Ich erinnere ihn als kleinen Mann mit lebhaften Gesten und Blicken, kam aber, glaube ich, nicht dazu, ein Wort mit ihm zu wechseln. Erich Fried und die anderen sprachen mit großem Respekt von ihm. [...]

Auch einen englischen Dichter, Kritiker und Essayisten namens [John] Heath-Stubbs[3] lernte ich durch Erich Fried kennen. Auf ihn kam ich durch mein Interesse für den jungen englischen Lyriker Sidney Keyes[4], der im Krieg gefallen war und für

---

[1] 1897 – 1958
[2] 1904 – 1994
[3] 1918 – 2006
[4] 1922 – 1943

den ich eine Art Geistesverwandtschaft empfand.
Eine junge deutsche Emigrantin, die jetzt mit ei-
nem Komponisten zusammenlebte, der zu dem
Kreis um Erich Fried gehörte, war seine Freundin
gewesen. [...]

***

Wilhelm Lehmann
aus Fritz Ohrtmann »Wieder in Kiel, Meine Erin-
nerungen von 1948 bis 1962«, Plön 1995 [unveröf-
fentlicht]:

[...] Auf dem Rückweg[1] besuchte ich in Eckern-
förde den Dichter Wilhelm Lehmann. Erich Fried
hatte mir seine Adresse gegeben und mir Grüße an
ihn aufgetragen.

Wilhelm Lehmann war damals[2] in den Sechzi-
gern und Studienrat am Eckernförder Gymnasium.
Er war vor allem durch seine Gedichtbände be-
kannt geworden, hatte aber auch mehrer Romane
und zahlreiche Essays geschrieben. Erich Fried
hielt ihn für bedeutend. Obwohl sein Ruhm im

---

[1] Fritz Ohrtmann war mit dem Fahrrad von Kiel nach
Flensburg gefahren, um dort Verwandte zu besuchen
[2] 1948

Nachkriegsdeutschland sich in Grenzen hielt, übte
er großen Einfluß auf die nachfolgenden Genera-
tionen von Lyrikern aus. [...]

Er begrüßte mich freundlich, möglicherweise
hatte Erich Fried ihm brieflich von mir berichtet.
Nach dem Kaffeetrinken zogen wir uns in sein
Arbeitszimmer zurück, dessen Wände vom Fußbo-
den bis zur Decke mit Büchern vollgestellt waren.
Wir kamen sofort in ein intensives Gespräch, das
mehrere Stunden dauerte. Er las mit einem Sing-
sang-Ton, der mich anfänglich befremdete, einige
seiner neuesten Gedichte vor, ebenso einige Ge-
dichte von Oskar Loerke[1], einem Lyriker, den er
sehr bewunderte und von dem ich noch nie gehört
hatte.

Ich blieb zum Abendessen, und Wilhelm Leh-
mann und seine Frau luden mich ein, bald einmal
wiederzukommen.

In der Folgezeit besuchte ich ihn jährlich mehrere
Male. Die Gespräche und langen Spaziergänge
zusammen mit ihm auf den Feld- und Waldwegen
um Eckernförde waren für mich sehr anregend.
Zwischen meinen Besuchen schrieben wir uns
Postkarten und Briefe. Später, als ich Auslandsleh-
rer in Istanbul war, wurde unsere Korrespondenz

---

[1] 1884 – 1941

intensiver. Ich habe die Briefe und Karten von Wilhelm Lehmann gesammelt und sie im März dieses Jahres[1] Frau Verena Kobel[2] in Winterthur in der Schweiz geschickt. Frau Kobel widmet all ihre Energie der philologischen Bearbeitung der Lehmannschen Schriften und arbeitet zur Zeit am achten und letzten Band einer Gesamtausgabe[3] seiner Werke. [...]

---

[1] 1995
[2] Verena Kobel-Bänninger
[3] Gesammelte Werke in acht Bänden. Hg. Agathe Weigel-
   Lehmann et al., Stuttgart ab 1982 (Klett-Cotta/
   J. G. Cotta'sche Buchhandlung Nachflg.)

Zu guter Letzt:

Die Möwen

Die Möwen von dem Leuchtturm,
die Möwen von Laboe,
die Möwen von dem Feuerschiff
und draußen von der See,

die kommen jeden Sonnabend
und Mittwoch mit Geschrei
zum Wochenmarkt und bleiben dort
von sieben bis halb zwei.

Und wenn der Markt vorbei ist,
dann gibt's ein großes Fest:
hier liegt ein Zipfel Leberwurst
und dort ein Käserest.

Und hier ein Stückchen Weißbrot
und da ein halber Fisch.
Da macht das wilde Möwenvolk
dann gründlich reinen Tisch.

Sie fressen sich den Kropf voll
und schwirren hin und her
und machen jede einen Fleck
zum Abschied auf den Teer.

Und einen auf den Leuchtturm
und einen auf Laboe
und einen auf das Feuerschiff
und einen in die See.

Fritz Ohrtmann, ca. 1955